흐름과 바람을 실은
세스팔다스 하정효 계옴의
님 배
— 한강과 낙동강의 편지

하정효 시집
흐름과 바람을 실은 세스팔다스 하정효 게옴의
님 배

2024년 10월 1일 초판 1쇄 발행

지은이 | 하정효
펴낸이 | 김종인
펴낸곳 | 도서출판 메타
출판신고 2022년 12월 28일 제2022-000148호
주소 13486 경기도 성남시 분당구 판교로 253
      판교 이노밸리 B동 102호(삼평동)
전화 (031)717-1403
홈페이지 www.meta-mungak.org

ⓒ 하정효 2024

ISBN 979-11-987586-7-5 03810

※ 이 책의 저작권은 저자에게 있으며 출판권은 도서출판 메타에 있습니다.
※ 이 책의 전부 또는 일부를 이용하시려면 저작권자와 도서출판 메타의
　동의를 받아야 합니다.
※ 책값은 뒤표지에 있습니다. 잘못된 책은 바꾸어 드립니다.

흐름과 바람을 실은
세스팔다스 하정효 계옴의
님 배

― 한강과 낙동강의 편지

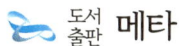
도서출판 메타

서문

한강과 낙동강의 편지
흐름과 바람을 실은
님 배

먼 옛날
나반과 아만의 그때에 시가 있었던가.

신단수와 무궁화 사이에 '흐름과 바람을 실은 세 스팔다스 하정효 계올의 님배가 없었던가.

없는 것과 있는 것은
없음 넘김 있음을 줄인 어넘이슔슬에 지나지 않는가.

신단수와 무궁화 사이의 한배꽃은 겨레의 꽃으로 피고 있지 않던가.

바람과 흐름을 실은 시
님배를 읽기 바랍니다.

단군기원 4357. 2024. 10. 3.
한강의 시울 서래나루에서
하정효 절

봄

서문 4

I. 물나무

웃음꽃 … 15
도시의 해으름 … 16
님나사이 … 17
물 그림 … 18
나무와 길손 … 19
물나무 … 20
다리 … 21
잔치 … 22
그리스의 싸움 … 23
땅달 … 24
먼 눈 … 26
바위모 … 28
보리피리 … 29
바람 … 30
돌 … 32
얼음 … 34

2. 햇녘마루

햇녘마루 … 39
많해 … 42
고개 … 44
꾀별 … 46
서울 1 … 48
호랑이와 소 … 50
한옛새해의 집 … 53
임금마루 … 54
술 … 56
바퀴 도는 소리 … 57
배 떠나는 소리 … 58
서리서리 … 59
가람과 사람 … 60
거지 주머니 … 62
노래하고 춤을 춘다 … 64
뫼에 내린 하늘 못 … 66

3. 노들섬

노들섬 … 69
숲과 길 … 70
노들섬의 새 … 72
나이테 … 75
쇠나루 날개뜰 … 76
말글함짓 … 78
눈 … 81
봇짐 … 82
사이 새 … 83
별돌 … 84
뫼만한 집 … 86
뫼 구슬샘 … 88
꽃과 열매 … 90
한예옴의 꽃 … 91
얼뫼 … 92
자락 … 93

4. 지킬 나무

마른 나무와 늙은이 … 97
임금 모신 일곱 넋 … 98
발 … 99
파란 시냇물 … 100
지킬 나무 … 101
햇귻 … 102
봄 … 104
굽이 … 105
돌의 이야기 … 106
고따마 붓다의 소나무 … 107
꽃 … 108
나무 옷 … 109
흐름의 노래 … 110
숲 … 112
다들 … 114
우리들 … 115

5. 하얀머리 하늘뫼

여쭘 … 119
손님 … 120
토끼나무 … 122
나뭇가지 … 124
뫼뫼 꼭지 … 126
입술 … 127
푸른 잎과 하얀 꽃 … 128
하얀머리 하늘뫼 … 130
흐름과 바람을 실은 님배 … 131
뜨고 지는 달 … 132
숨은 님 … 134
님의 날 … 135
하얀 비둘기 … 136
켜켜이 쌓은 바위집 … 138
가람가의 나뭇가지 … 140
삼베나루 새악시 … 142

6. 풀 밑에 숨은 물

다리 … 145
풀 밑에 숨은 물 … 146
거꾸로 선 이들 … 148
골목길 … 149
저 배 … 150
뫼에서 사노라면 … 151
새봄의 움 … 152
날 좀 보소 … 153
꿈꾸는 놈들 … 154
별배 … 155
서울 2 … 156
마을 … 158
이바지 … 159
별밭 … 160
때 … 162
길벗 … 164

7. 세스팔다스 계옴의 뜰과 들

해나라 날맞이의 그 … 167
반가워 … 168
햇빛 … 169
쟁기 … 170
세스팔다스 계옴의 뜰과 들 … 172
수풀 … 173
임금님의 마음 … 174
단맛 … 176
바람개비 … 179
한가람 … 180
불놀이 … 182
버드나무 … 184
솔바람 … 186
나랏고을 … 188
타고 간다 … 190
님배 … 192

1.
물나무

웃음꽃
도시의 해으름
님나사이
물 그림
나무와 길손
물나무
다리
잔치
그리스의 싸움
땅달
먼 눈
바위모
보리피리
바람
돌
얼음

웃음꽃

행마루에서 피는 웃음의 꽃

도시의 해으름

뉴욕에서 돈 날리고
도쿄에서 배 타고
런던에서 템즈를 거닐고
상해에서 배를 널고
베를린의 담장을 보고
시베리아의 추위를 지나
싱가포르의 다리를 걷고
베이징의 담벼락을 지나
파리의 옛날을 보고는
살기 좋은 시골로 떠나간다.
서울의 한글은 새날을 연다.

님나사이

님나사이 지나간다.
얼어리둥

사이사이 너나사이
쉴 새 없이 스쳐 간다.

입술에 그린 사이
사이사이 얼러리둥

눈맞이라. 님맞이라.
얼러리 둥둥

지나가며 스쳐 가며
얼러리 둥둥

둥사이라 님맞이
쉴 사이가 없어라.

물 그림

물에 뜬 오리 떼가
흐르듯 떠서 간다.
그림에 담긴
하늘과 구름은 거울과 같다.
개울 속의 눈들은
자갈밭을 살핀다.
멀리 선 뫼와 들이
이들을 바라본다.
섰던 나그네가 발길을 옮긴다.

나무와 길손

나이 푸를 때 가지를 내밀어
하늘을 덮도록
푸른 잎을 펼쳤노라.

뙤약볕 더운 날엔 그늘을 지었고
그 아래서 길손을 쉬게도 했노라.

땅에 선 발뿌리 나무로 버티고서
젊은 날을 보내기도 했노라.

잎이 지는 가을날 바람이 스칠 때
나무에서 버려진 잎새를
길손이 밟고 가노라.

물나무

바위에 물나무 한 그루

다리

아프리카의 나일과
아메리카의 미시시피가
마주하여

구름마을을 거닐고 있는
별들을 불러

바다 밑 맨땅에다
다리를 놓는데

뜨고 지는 해와 달은
밤낮없이
물밑을 살피더라.

잔치

히말라야의 마나슬루 지붕에서
안데스의 쿠스코 앞뜰까지

구름다리를 놓고 있던 무지개가
하늘을 너울로 펼치더니

오는 날에서 가는 날까지
이 땅에서 잔치를 연다.

그리스의 싸움

제우스 신전에서 벌인 잔치에
지구촌이 모여 싸우다가
메달을 목숨에 걸고 돌아가서는
때가 되면 또 만나 싸우자고
나라마다 선수를 뽑아
올림픽에 세우더라.

예루살렘과 요단강 앞에서
벌어진 싸움판은
아라비아 사막의 모래바람으로
구름을 날리며
세기의 다툼을 벌이더라.

세스팔다스 계움은 이땅에서
천둥을 울리며 하늘을 가른다.

시나이반도는 평화의 땅인가!
나일강은 흐르기만 하는가!

땅달

땅에서 달을 부르는 소리
보름을 울린다.

땅달아!

밤자락에 싸여 보름까지 갔더니
거기가 달이라.

달에서 땅을 보니

달은 땅을 따라 사는
그 이름 땅달이더라.

보름으로 밝아온 달에서 땅을 보니
불집들이 한밤을 태우더라.

집들은 땅에서
여기저기 마을을 만들어
보름달을 받들고 있더라.

따덩이의 나그네가 긴 밤을 새우니
달은 지고 해가 뜨더라.

먼 눈

해달날때가 가는 길에
거미가 줄을 쳐 놓고는
저만치 멀리서 살피는데

지나던 길손이
걸음을 멈추고서
뜨고 지는 해와 달을 꼽더니
나이의 거미줄에 걸렸다며

돌아올 수 없는
발길을 앞세우고
주름진 이마에
땀을 씻는다.

하늘 바다 터땅 오늘과
구름 물살 수풀 바람의 사이에서

나무 벌레 짐승 사람끼리 오가며
얽히고설킨 핏줄과 잇줄을 지나

사이끼리 짜 놓은 그물까지 건넜는데

씨줄과 날줄에 걸린 따덩이는
저 멀리 별밭에서
먼 눈을 뜨더라.

바위모

바위들이 모를 세우고
숲처럼 서 있다.
뫼가 흘러가고 물이 굽이지며
들녘을 지우는 기슭마다
만나 서 있다.

바위마다 모들끼리 눈을 뜨고
그 속에다 불들을 밝힌다.

밤이 되면 집안들이 환한데
이제 잘 때가 되었다며
별들에게 깊은 밤을 맡긴다.

숲들은 밝은 낮을 부르는데
바위들은 꿈나라로 간다.

보리피리

보리피리 입에 물고
젊음을 노래할 때

푸르른 보리밭엔
새봄이 너울너울

고운 님 사뿐사뿐
손짓을 하네.

보리피리 푸르를 때
어넘이슬슬

보리밭이 어스러져
옷자락이 되어도

입술의 노래에는 아지랑이가 피네.
어넘이슬 어넘이슬슬 아름다워라.

바람

무리진 해울들을 두른 채
끝 간 데 없는 새해가 밝다.

이 땅의 수풀을 가꾸듯
두 손을 모으며 바람을 올리는

하늘 같은 새해가 밝아 있다.

한옛새해다.

촛불 앞에서 별빛 아래서
녹아내리는 눈물과 함께

비는 손길은

바람의 회오리 눈이 되어
켜켜이 쌓인 두께를 뚫고 오른다.

목에 담긴 넋을 바치고서
그림 같이 계시는 그 이름 앞에

숨어 있는 숨결을
빌어 올립니다.

이 땅을 태워 별바다에 던지려는
불살들의 놀이를 보소서!

흐르는 눈물을 씻습니다.
머금은 이슬을 뿌립니다.

바람이여!
해 뜨는 녘의 바람이여!

돌

해 둘레로 이 땅은 돈다.
땅 둘레로 저 달은 돈다.

그래서 한 해가 간다.
한 달이 가고 하루가 간다.

돌고 도는 거기서
집어든 것은
돌이었다.

한 알의 돌은 길에 버려졌지만

그 돌은

해돌이자 땅돌이며
달돌이었다.

차이는 돌이자
버려진 돌 같지만

돌은 해이자 땅이며 달이었다.

돌아가는 해달날이
가람이 되어

흘러가는 물에 그 돌을 씻으라.

돌은 바다로 가서
밤하늘의 별이 되리라.

별돌이 되리라.

얼음

겨운 겨울이라
눈서리가 내린다.
추위를 부르더니
바람까지 몰아친다.

겨울이 깊이 감추어 둔
품속을 열어 보인다.

얼음이다.

얼음은 다짐이다.
다짐은 삶의 뼈다.

품은 다짐이 녹을까 보아
겨울날의 추위를 보냈단다.

춥고 떨리더라도
얼음같이 굳은 다짐은

열매의 씨와 같단다.

열리는 여름일수록
씨는 뼈로 남아야 한다.

2.
햇녘마루

햇녘마루
많해
고개
꾀별
서울 1
호랑이와 소
한옛새해의 집
임금마루
술
바퀴 도는 소리
배 떠나는 소리
서리서리
가람과 사람
거지 주머니
노래하고 춤을 춘다
뫼에 내린 하늘 못

햇녘마루

이 땅에 해가 뜨는
높은 마루가 있다.
그 이름 평창이다.
햇녘마루이다.

나라 고을 마을 만남들이
모두 모이기도 했다.

싸우던 이 땅이 만나
얼싸덜싸 노래하고
춤을 추었던 곳이다.

땅의 잔치는 무르익어
한 집안을 이루고
손잡은 어깨춤도
한 마당이 넘쳤던 곳이다.

그 이름 평창 평창이다.
새날의 아침을 여는 햇녘마루이다.

가람은 흘러 바다로 가고 가고
뫼의 줄기는 다투어
큰 뭍으로 간다.

그래서 한터땅을 이루는
한마루의 곳이기도 하다.

싸움을 두고 잔치를 여는 곳!
한하늘 한바다 한터땅 한오늘이
모이는 곳!

이 땅의 한가운데서
온누리를 반긴다.
평창을 부른다.
평창을 노래한다.

와서 살다 주고 가는
발길들이 그침이 없다.

두 발로 밟은 땅
네 발로 안고서
햇녘으로 가는 곳!

많해

떼를 지어 묏꼭지를 오르는구나.
마디마디 눈살이 불길 같구나.
하늘이여, 들으소서!
비는구나.

무리 지어 모래밭을 뒤덮는구나.
손에 손에 칼날이 날카롭구나.
해달이여, 보소서!
외치는구나.

나는 우뚝 서고 남은 쓰러지라고
하늘과 해달 아래
구름을 보는구나.

내나는 끝내 없어지고 사라져도
남남은 끝없이 살아서 남는단다.

묏꼭지에서 모래밭에서
다들 울부짖는구나.

너그나가 만나는
두리 우리 무리와
누리의 부름을 들으라.

서로는 만난단다.
모두는 반긴단다.
모래밭도 뫼꼭지도 한 땅에 산단다.

한나라사람살이!
많해를 불러라.

고개

넘어라. 고개를 넘어라.
그는 넘어야 거기에 있다.

가로막은 고개는 보기만 한다.
일어서서 넘어라.
그 고개를 넘어라.

고개는 높은 고개라.
이름이 네 갈래라.

해야 한다.
하고 싶다.
할 수 있다.
하면 된다.

고갯마루에 서 있는
네 가지의 이름을 새기거라.

부르고 노래하며

그 고개를 넘어가거라.

고개는
야싶수면의 고개라.

이 고개를 넘으면
그를 만날 수 있으나
낯선 이가 되어 보기만 하다가

그래서 그 고개를 넘지 못하면
그는 만나지 못한단다.

네 고개를 넘어라.

야싶수면의 고개라.

꾀별

이 땅 곳곳에서 쏘아 올린다.
저 멀리 둘레길까지 올려놓는다.
싸움꾼들이 만든
꾀로 얽은 별들이었다.

꾀별은 별이 되어
길에서 엿보고 듣다가 넘본다.

그 별은 손으로 지어서 쏜 꾀별이라
별과 같지는 않다.

쏜 별들은
눈치를 보고 살피며 엿본다.
둘레길을 같이 돌고 있지만
꾀별은 끝내 별들에게 들켜
떨어지고야 말 것이다.

꾀의 머리는 숨어서 엿보고 들으며
빼앗는 것밖에 모른다.

숨었던 별에서
떨어지고야 말 것이다.
터지는 쇠붙이와 같아서
하늘에서 흩어져
땅으로 쏟아질 것이다.

죄별은 별을 떠나
쏟아져서 뿌려지리라.

쏜 대로 떨어지고
올린 대로 뿌려질 것이다.

뿌린 씨는
거둘 것이다.

서울 1

많많은 발길들을
젖과 땀을
가람의 물로 하여
숲과 나무를 키우고 있는 서울!

숲과 나무의 가지에는
이름들이 빠짐없이 달려있다.

낮에는 손님을 부르고
밤에는 이름마다
불을 밝히고 있다.

빈틈없이 들어선 나무들은
뿌리와 숲을 살린다.
물을 마시기에 바쁘다.

젖을 찾고 땀을 달라는 손길들이
뿌리가 되고 가지가 되며
기둥을 세우기에 쉴 사이가 없다.

서울은 사람들의 발길이
끊임이 없다.

높이 쌓아 올린 돌집마다
낮에도 불을 밝힌다.

숲과 돌집이 다투어 서서
서울을 더욱 빛나게 한다.

뫼와 가람이 젖과 땀을
안쓰럽게 여긴다.

호랑이와 소

지구촌에는 두 갈래의 픽이 있다.
제우스 신전의 올림픽의 픽이고
평창 네발길의 네발픽의 픽이다.

올림픽의 픽에서는
호랑이들의 경기가 한창이고
네발픽의 픽에서는
소의 경기가 이제 시작이다.

호랑이 떼들이 달려가는 모습은
날으는 듯하고
소의 걸어가는 모습은
경기조차 없는 듯하다.

호랑이는 목숨에
금메달밖에 없고
소의 걸어가는 모습엔
논밭밖에 보이지 않는다.

올림픽의 경기장에서는
싸워라! 이겨라! 라는 소리가
천지를 울리는데

네발픽의 경기장에서는
논을 갈고 밭을 가는
농사일에 소리까지 곁들인다.

올림픽의 경기장에서는
전쟁이 한창이나
네발픽의 논밭에서는
평화가 넘친다.

때가 되면 또 만나서
나라끼리 싸우자는 올림픽!
때맞추어 갈이하여
논밭을 일구자는 네발픽!

올림픽은 나라끼리

경쟁에서 전쟁으로 가지만
네발픽은 농사일로 집집마다
평화의 소리가 높아만 간다.

호랑이는 피를 먹고 살아가나,
소는 풀을 먹고 산다.

한옛새해의 집

뜨고 지는 이 해 저쪽에서
불이 아닌 해가 있다.

한옛새해이다.

창성동 미로미로에 있는
어느 골목집에
그 해를 모신 집이 있다.

한옛새해의 집이다.

그 해에 불을 밝히고
두 손을 모으면 뜻을 이룬다.

미로에서 헤매는 이들이
바라고 바라는 바를 이룬다.

미로미로의 길에서 벗어난다.

임금마루

오늘은 옛 마루가 되고 말았지만
나라를 한 사람 임금에게만
맡긴 때가 있었다.

좋은 자리에 한마루를 짓고
그 그늘에 여러 채의 집을 두고
나라를 살폈다.

가람과 뫼를 따라
임금의 숲과 나무를 심어
나라 안팎을 다스렸다.

그 이름 임금마루!

이제는 손에 쥔 그물을
나라사람들에게 넘겨주었다.

다들 외치는 소리는
많해 많해! 하고

하늘 바다 터땅을 울리지만

이제 나라땅은
임금마루로 달라졌다.

옛날이 된 임금마루는
엊이앞의 먼 날을 넘어
잘 가꾸어지고 있다.

임금의 그 이름과 지나온 일들은
글로 엮어 널리 읽히고 있다.

앞날과 먼 날이 물과 뭍에서 만나
한누리가 되고
한예리로 밝아올수록

임금마루의 옛날은
오늘에 드러날 것이다.

술

구멍에다 빚은 물을 채우고
뚜껑을 씌운다.
한 그릇에 집 한 채 값!
목구멍으로
들어가는 물은
살림을 팔고도 남는다.
뚜껑에 목숨이 달렸다.

바퀴 도는 소리

사이에 끼여
부서지고 깨지며 가루가 된
집안이나 마을 또는 나라의
부스러기들이 없는지를
돌아보고 살펴보아야 한다.

따덩이의 바퀴가 돌아갈 때
재빨리 건너뛰지 못하여
뒤처지거나 버려졌을 때
더욱 그러하다.

지키고 앉아 있는 사람들이
바퀴가 도는 소리를
듣지 못하였을 때
또는 들리더라도

귀 밖으로
들었을 때
끝은 그렇게도 다르다.

배 떠나는 소리

나고 죽는 때
배는 떠난다.
깨실라 아실라
아무도 모르게
배 떠나는 소리마저 감춘 채
따덩이라는 크나큰 배는
떠가고 있었다.

낮에는 해를
밤에는 달을 앞세운 채
떠가고 있다.

땅배가 가는 길은
깜빡이는 별만이
알고 있을 뿐이다.

서리서리

구름이 안고 온 가슴
서리서리 쌓인 이야기를
내려놓고 싶어라.

이 땅의 묏줄기를 골라
가람으로 내려앉았노라.

그 줄기를 너울 자락으로 펼치고서
가람을 만들더니

햇싸래기를 자락에 싸안고는
큰 가람이 되어 흘러가는구나.

구름은 해를 띄우고서
노을 진 저녁 들녘까지
서린 구름의
지나온 나날들을 펼쳐 놓는다.

구름은 흘러 가람이 되어
긴 밤을 지나간다.

가람과 사람

물길 따라 둑길을 쌓았구나.
물길에는 가람물이 흘러간다.
뚝길에는 사람발이 걸어간다.

어디까지 가는지
어디까지 가는지

흘러만 가거라.
걸어만 가거라.

가람길의 끝 간 데는 어디인가.
사람길의 끝 간 데는 어디인가.

흐르는 데까지냐.
발 가는 데까지냐.

가람길엔 끝이 없구나.
사람길엔 끝이 있구나.
가람은 바다까지

사람은 무덤까지

거기서 가람과 사람은
굽이치는구나.

거지 주머니

알거지가 엉치 두 쪽에
큰 주머니를 하나씩 찼구나.

한 주머니에는
여섯 갈래의 큰 땅이 들었구나.
한 주머니에는
다섯 갈래의 큰 물이 들었구나.

땅에도 나라들이!
물에도 나라들이!

얽은 줄을 쳐 놓고서
다투어 섰는구나.

땅주머니 물주머니 속이 시끄러워
바람 잘 날이 없는구나.

차고 치는 다툼으로
두 엉치는 쉴 틈이 없는구나.

그럼에도 줄은 그물이 되어
걸려들면 잡으리라 벼르지만

구름 물살 수풀 바람은
하늘을 활짝 펼치고서

길짐승 헬짐승 날짐승을 불러
서서 다니는 설짐승과 함께

얽은 줄을 넘고 넘어
그물을 지나는구나.

노래하고 춤을 춘다

얼어리라! 얼얼!
님과 함께 노래하자.
구름도 춤을 춘다. 춤을 춘다.
보는 봄날이여,
님과 함께 노래하자.
구름도 춤을 춘다. 춤을 춘다.

말마리라! 말말!
벗을 만나 노래하자.
물살도 춤을 춘다. 춤을 춘다.
여는 여름이여,
벗을 만나 노래하자.
물살도 춤을 춘다. 춤을 춘다.

몰모리라! 몰몰!
짝을 지어 노래하자.
잎새도 춤을 춘다. 춤을 춘다.
가는 가을이여,
짝을 지어 노래하자.

잎새도 춤을 춘다. 춤을 춘다.

날나리라! 날날!
손을 잡고 노래하자.
바람도 춤을 춘다. 춤을 춘다.
겨운 겨울이여,
손을 잡고 노래하자.
바람도 춤을 춘다. 춤을 춘다.

뫼에 내린 하늘 못

뫼마루에는
돌바위밖에 없는 줄 아나,

올라 보면 거울같이
맑은 물이 고인 채로 드러난다.

하늘구름을 얼굴에 담고서
돌바위로 둑을 지어 놓고

풀나무 숲속에서
새들을 날리며 누워 있다.

얼러리 얼얼 뫼의 노래는
한밝뫼의 물소리로 찰랑인다.

나그네가 다리를 거닐며
뫼에 내린 구름 못을 본다.

구름과 제 얼굴을 그리며
하늘 못의 노래를 듣는다.

3.
노들섬

노들섬
숲과 길
노들섬의 새
나이테
쇠나루 날개뜰
말글함짓
눈
봇짐
사이 새
별돌
뫼만한 집
뫼 구슬샘
꽃과 열매
한예옴의 꽃
얼뫼
자락

노들섬

가람 따라 날으던 새
쉬었다 가는 섬

물 가운데 섬 하나

노들섬!

구름을 날으던 하얀 새가
날개를 접고 쉬었다 간다.

흘러가는 물은 나이를 불러
하얀 새의 노들섬을 말하나

섬은 나이더러
가람 따라 가라 한다.

물은 흘러만 가도
섬은 서서만 있다.

숲과 길

돌뭉치인 땅덩어리를 띄워 놓고
해가 그의 빛살힘밝으로
날씨를 만든다.

그 둘레를 구름으로 둘러싼다.
해가 그의 씨와 날로써
땅에다 앉히니
봄 여름 가을 겨울이 찾아온다.

해는 두루 다니며
따덩이를 살핀다.
물이 되고
숲이 되어 길이 난다.

나무는 우뚝우뚝
길은 길길이 잘룩잘룩

물길 따라
숲길 따라

새들이 노래하며
사람의 발길을 멈추게 한다.

노들섬의 새

1.
큰 가람 물 가운데
혼자 남은 섬 하나

그 이름 노들섬 노들섬

님께서 가시던 그날에
구름 너머 하얀 새가,
하얀 새가 날아와
노들섬을 지키네.

님 가시고
하얀 새 날아와
나래를 접고 나래를 접고
노들섬을 지키네.

물길 따라 가신 님은
오시려나. 언제 오시려나.

홀로 남은 노들섬은
가신 님을 그립니다.
가신 님을 그립니다.

2.
큰 가람 물 가운데
홀로 남은 섬 하나

그 이름 노들섬 노들섬

님께서 가시던 그날에
구름 타고 하얀 새가,
하얀 새가 날아와
노들섬을 지키네.

님 보내고
하얀 새 날아와
나래를 접고 나래를 접고
노들섬을 지키네.

물길 따라 가신 님은
오시려나. 언제 오시려나.

홀로 남은 노들섬은
가신 님을 기립니다.
가신 님을 기립니다.

나이테

바람이 인다.
물결을 지운다.
싹은 돋고 나이테는 그림 같다.

새들은 나날을 노래한다.

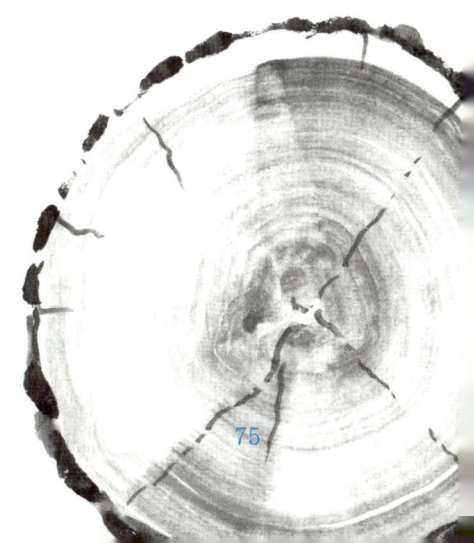

쇠나루 날개뜰

하늘 건너 구름을 타고
날개들이 날아든다.

님을 싣고 날아든다.

뜰에서는 손을 들고
구름에 뜬
날개를 바라본다.

맞이하는 반가움엔
얼굴마다 꽃이 핀다.

이 땅의 나라들이
님을 싣고 날아든다.

오는 날개
가는 날개는
나라마다 집안이 된다.

한누리 나라는 쇠마루에서
하늘을 알린다.

쇠마루 날개 뜰에서
한누리를 펼친다.

날개마다 하늘의 잔치를 실었다.

말글함짓

아침 한낮 질녘은 왜 찾았느냐.
어두운 밤은 왜 불렀느냐.

새봄의 옷과 여름의 밥 및
가을의 집은 왜 찾았느냐.

하루 세끼 지나가는 끼니를
잡으려고 그랬느냐.

하룻밤을 설치기 싫어서 그랬느냐.
세끼 세 때가
말없이 지나칠까 그랬구나.

흐르는 나날의 나무 그늘에서
다들 무엇을 할 것인가.

말글함짓이라!

말아야 할 말인데도

글러 버린 글인데도
할 일 없는 함인데도
지워야 할 짓인데도

바쁘기만 했느냐.

밝은 새해가 떴으니 말하노라.
한글말씨는 나랏님이 펼치셨니라.

찰빌길몰의 이 땅에서 써야 할
임금님의 가르침을 널리 밝히노니.

한누리나라 사람살이를 이루거라.
디딤돌에 높이 서서
온 땅이 꺼져라고
해달날때가 다하도록 외치거라.

뭣 하러 왔는가.
왜 왔다 가는가.

감옴큼듬됨남함을 외치며
춤을 추거라.
말글함짓은
모두가 해야 할 일이라.

길이 임금님의
한글말씨를 새기거라.
계옴님의 말씀이 따르기 때문이라.

눈

푸른 뫼에 하얀 눈이 내렸다.
지붕마다 하얗다.

사뿐사뿐 아가씨 걸음
하얀 길을 밟는다.

눈썹마다 뫼를 본다.

봇짐

옷으로 얼을 입었구나.
밥으로 맘을 먹었구나.
집으로 몸을 재웠구나.
날마다 나를 낳았구나.

이들은 맡긴 봇짐이라.

사이 새

나무와 사람의 사이에는
새가 있다.

별돌

높은 뫼가
밤하늘의 별을 구름에다 싸서
좋은 데 가서
살으라고 보냈는데

별은 바위가 되고 돌이 되어
뫼 아래 골짜기에 앉았는데

뫼는 구름으로
푸른 물을 보내 달라 했더니
자락에 쌌던 밤을 쏟아서
푸르게 흘러가도록 하더라.

바위와 돌은 집안을 만들어
자리를 잡았는데
골짜기에서 온 손님들이
하얀 새가 되어 날아와

그 집안에서
흘러가는 물소리를 노래하더라.

뫼를 떠나온 그리움과 별들은 만나
물소리로 잔치를 펼치더라.

뫼에서 온 새 두루미도
나래를 접고 섰더라.

뫼만한 집

구름 위로 솟은 뫼
높기도 하다.

무너뜨려 다듬으니 돌이 된다.
갈아서 가루를 만들어 쓴다.

가루를 다져
쇠나무로 뫼 같은 집을 세운다.
뫼와 같이 솟아오른
높은 집도 세운다.

뫼의 뼈를 녹여
쇠바퀴를 굴리는 길도 만든다.
님을 싣고 오가기가 바쁘다.
구름 넘는 집들이
하늘을 채운다.
날개들이 내리면서
다칠라 갸웃한다.

구름집은
마을을 채운다.

뫼 구슬샘

뫼가 솟았다.
허리를 돌아 둘레길을 만들었다.
감고 도는 그 길은
나무를 싸고도는 넝쿨과 같았다.

우거진 숲이 한 해를 견디다
겨울이 오니
푸르렀던 자락을 걷어서
나무 나무 나무들의
뿌리를 덮어 준다.

이불을 덮은 나무들은
꿈을 펼친다.
뫼를 오르는 손님들이
나무 밑을 지난다.

줄기며 가지를 뻗은 나무들은
오고 가는 길손들을 내려다보며
혼자들 중얼거린다.

뫼가 넋으로 바뀌어
사람이라고 불리우는 이름들을
뜨는 해와 지는 달에게 자랑한다.

너는 나를 아는가.
지나가는 발길마다
모를 리는 없겠지만
나무와 사람이 뫼에서 만나는구나.

꽃과 열매

가지에 집
나무 밑
자리

한예옴의 꽃

엊이먼날이 만나
올올이 맺히고 알알이 맺혀서
몽글몽글 마디마디가 몇이냐.
자라면서 몽글지고
크면서 옹글져서
맺고 맺친 마디 마디가
한 그루에서 몇몇이냐.

맨 끝에서 가닥가닥이 올라
그 끝에 한예옴의 꽃이 피는구나.
오래고도 끝이 없이
달아서 피는구나.

아, 한예옴의 꽃이여!
한옛새해의 해와 달이 만나서
움트는 꽃이여!

얼뫼

하늘 높은 뫼라도
아지랑이의 너울이 가려 주어야
높은 뫼로 보인다.

자락

구름자락 내려서
옷으로 걸었구나.

4.
지킬 나무

마른 나무와 늙은이
임금 모신 일곱 넋
발
파란 시냇물
지킬 나무
햇긻
봄
굽이
돌의 이야기
고따마 붓다의 소나무
꽃
나무 옷
흐름의 노래
숲
다들
우리들

마른 나무와 늙은이

비 오는 냇가에
마른 나무가 섰다.

뫼와 마을을 쓸어 가는 물줄기가
나무를 흔들며 쏟아진다.

온갖 쓰레기들이
마른 나무에 매달린다.

괭이를 짚고 선 늙은이가
마른 나무 곁에서 먹구름을 살핀다.

구름은 마른 나무와
늙은이를 살핀다.

임금 모신 일곱 넋

임금 모신 일곱 넋
큰 가람, 노들섬에
임금님을 그리는
일곱 이름이 잠들고 있다.

해 뜨는 고을
물을 안은 고을의 이름도
무덤 앞에 새겨져 있다.

어제와 이제 그리고 먼날을 두고
오늘에 살아 이름이 빛난다.

숲나무들이 지킨다.

발

뫼는 어이 섰는가.
이 땅이 돌고 있기 때문이라.

파란 시냇물

이 땅엔 나라들이 많다.

파란 물을 지닌 채
시냇가를 돌아드니 나라가 있다.

시냇물이 골을 따라 흐르듯
구름을 안고 별나라를 지나간다.

많고 많은 나라들은
흙에 젖고 바위를 부수며
높은 뫼를 싸고 돌지만

푸르름을 시냇물로 흘려
별나라를 살려내는
시냇물 그밖에 없다.

별달따해가
아무리 비바람에 휩싸여도
푸른 물은 흘러간다.
물머리에 오리 한 마리!

지킬 나무

집 짓고 울 두르며
날 지켜 달라고
나무까지 세워 놓고는
집은 비우고
너는 어딜 갔느냐.

행긼

망곌뜰들과 오늘 이 땅의 사이에서
한옛새해의 긼이 내렸다.

한옛새해 계옴마루
망곌뜰들의 긼이다.

지붕 열두 줄의 이름이 빛난다.

해를 입은 그 집에는
한옛새해가 떴다.

망곌뜰들과 오늘 이 땅의 사이에서
한예옴의 마을을 연다.

행켜말씀으로 긼을 밝히고
곌촐빛긼로 사이를 열었다.

마래계옴의 님이여!
마세계옴의 벗이여!
마데계옴의 얽이여!
마배계옴의 바이여!

이틀말씀과 이룸말씀이 반짝인다.

따라서 헿긶의 이름이
서로 만나는 한옛새해의 긶은
열두 채의 집집마다 이름을 걸고서

망겜뜰들과 오늘 이 땅은
헿긶의 별달따해를 밝힌다.

봄

봄이니 보인다.

굽이

굽이진 바람이 지나더니
나무도 굽었구나.

돌의 이야기

골 따라 내려온 바위
물 따라 흘렀구나.

골과 물이 만나니

돌의 이야기는
자갈이 되어

마을에서 꽃이 핀다.

고따마 붓다의 소나무

소나무야!

뻗은 가지 사이로
높은 뫼의 그림을 세워 놓고

잎은 푸르름을 펼친 채
지나가는 구름을 보느냐.

하늘을 나무 위에 펼친 채
새 소리는 사이를 울리는구나.

나무에 걸음을 멈춘 나그네는
이야기가 많구나.

꽃

가을의 진 잎보다는
새봄의 봄잎이 새롭다.

새봄은 봄씨에서 오고
봄씨는 많꽃을 피운다.

많꽃 가운데는
별달따해가 자랑스럽다.

나무 옷

나무야!
네 옷은 누가
껍질을 씌워 입히느냐.

뿌리며 줄기며 가지며 숲이며
이런 옷가지들을
누가 찾아서 갈아입히느냐.

나무야!
하늘 바다 터땅 오늘을
바라보고 사는 네게
묻고 싶구나.

별달따해와 주고받는
그 이야기가 듣고 싶구나.

흐름의 노래

뫼와 가람의 사이
뫼구름과 물흐름의 사이

그 사이에서 갈대와 더불어
우뚝 서 있는

오래된 나무 한 그루

자네의 나이에는
구름과 물살의 흐름을
벗어난 채 서 있구나.

나이에 피고 지는 잎새를
그림으로 그리면서

옷마저 벗어
별에다 맡겼구나.

해달날때여!
나무의 흐름을
그의 노래로 불러줄 수 있겠느냐!

숲

온갖 나무들이 얽혀 섰다.

얽혀도 싸우지 않고
섞여도 다투지 않는다.

눈서리도 비바람도

오는 대로 내리는 대로
싫다 않고 맞이한다.

뿌리마다 여럿
줄기마다 같이
가지마다 함께
잎새마다 모두
줄줄이 맞이한다.

숲은 줄이다.
숲숲은 줄줄이다.

숲이 주는 줄은

즐겁고 기쁘고 신나고 재밌다.
새들이 노래한다.

숲과 줄 및 새는
새봄 여름 가을 겨울을 연다.

다들

흘러가는 큰 가람 곁에
쉬어 가는 샛가람이 있다.

사이에 가지를 늘인 채
나무가 서서 본다.

숲도 모여 있다.

새는 종종거리는데
님은 바삐 가고 있다.

해는 빤하고
별은 빛난다.

땅은 떵떵
별은 짝짝

다들 모여서
이렇게 산다.

우리들

너 우리
그 우리
나 우리
우리 우리

5.
하얀머리 하늘외

여쭴
손님
토끼나무
나뭇가지
뫼뫼 꼭지
입술
푸른잎과 하얀꽃
하얀머리 하늘뫼
흐름과 바람을 실은 님배
뜨고 지는 달
숨은 님
님의 날
하얀 비둘기
켜켜이 쌓은 바위집
가람가의 나뭇가지
삼베나루 새악시

여쭘

어베사이
언아사이
앋딸사이
안팎사이
남나사이
살림살이
물음풀이

계옴께
여쭘이여

손님

날개를 펼친 채
까치 한 마리 내려앉는다.

입에서 내는 소리는
짹짹이었다.

짹짹인가 해서 까치를 만났더니

까치는

짹짹이 아니라
짝짝이라 했다.

멀리서 새 까치 한 마리가
짝짝하고 맞이한다.

짝짝 짝짝
보고 반겨한다.

길 따라

바쁜 걸음 지나간다.
짝을 지어 걸어간다.

까치는 짝짝이다 하고,
나무 아래로 짝지어 간다.

웬 손님인가.

토끼나무

땅을 따라 사는 따님
그 이름 그림 같은 달

그 속에
토끼나무 한 그루

뿌리는 땅에서 살고
나무는 달에서 산다면,
얼마나 놀라울까.

그것도 아픈 몸 일으키고자

앓던 몸
살려내는
그이가 펼친 뜨락에 산다면,

토끼나무 심은 이도
놀랍거니와
그 앞에서

누가 제 그림을
남기지 않겠는가.

달그림의 토끼나무

네가 아닌가.

나뭇가지

임금님 집 울가에 선
외나무 가지에
집 한 채가 있다.

달에서 물고 온 가지가지로
쌓아 올리고

그 집에서 새끼를 키워
날개를 펼치고 있다.

그는 하늘에서는 보름달만 그리고
땅에서는 임금님만 그리며 산다.

님은 그의 그림과
그의 말을 듣고자

날마다 나뭇가지를 바라보신다.

아침이면 집안 이야기를 알려 준다.
기쁜 말을 들려준다.

까치집은
기쁜 일을 알려 주는
반가운 집이다.

하늘을 날으는 까치가 부럽다.

뫼뫼 꼭지

뫼뫼바위 꼭머리
켜켜이 쌓인 바위 위에
물 한 방울 없는 바위에

하늘 밖에 바랄 곳이 없는
바위 끝끝에 휘어진 소나무
한 집안이 서로 보며 푸르러 있다.

그 곁에 꽃나무도
이웃하여 바라본다.

뫼만한 바위들이 낭떠러지를
뒷그림으로 그린 채
깎아내린 듯 누워 있다.

길손은 넋을 놓고
걸음을 멈춘다.
멍하니 서 있다.

입술

딴 나라에서 오신 손님이었다.
종이 그릇의
물맛과 입술이 만난다.

때의 바늘을 씻어 넣는 듯했다.
그냥 삼키지는 않는다.

머금은 입과 입술이 아름답다.
곁에 앉았다.

멀리 오스트레일리아에서 오셨단다.
이름을 적었다.

갈라선 이 땅은 하나였다.

임금집의 소나무는
푸르른 채 굽어보았다.

푸른 잎과 하얀 꽃

깎아지른 듯한 바위 뫼가 잘렸다.

넘어질 듯 소나무가 서 있다.

그 기슭에 벚꽃 나무도 섰다.
길 때문이었다.

큰 길 따라 바퀴들도 오간다.

저쪽 건너다보는 큰 뫼는
비탈진 기슭의 나무숲을 건너다본다.

길 따라 발자국이 지난다.
길손은 말한다.

길손에게는 길이 먼저라 한다.

바위뫼는 말이 없다.

푸른 소나무와 하얀 벗나무는
다투지 않았다.

하얀머리 하늘뫼

하얀머리 뫼하늘 물못이 있다.

서울 남쪽 묏자락에
하늘물이 고여 있다.

외딴섬 사람 살리는 뫼 위에
메마른 물못이 있다.

하늘길이 이어지고
뫼줄기까지 고리를 하고 있다.

이 땅은 하늘과 더불어
물을 이야기 한다.
못으로 고여 사이를 연다.

지나는 사이들의 짝지은 걸음에도
물결은 서린다.
물내음이 서린다.

흐름과 바람을 실은 님배

큰 가람은
질녘으로 흘러
바다로 가는데
바다에서 부는 바람은
가람의 앞길을 막네.

가람은 가고 바람은 오는데
가람가에 선 나무는

때의 흐름을 알리느라
가지를 느리우네.

물 따라 띄운 배
바람을 맞이하네.

흐름과 바람을 님배에 실은
놀이배는 물 위를 떠간다.

뜨고 지는 달

스르르르 다녀가신다.

오시는지 가시는지
저는 알지도 못합니다.

오시면서 피우고
가시면서 지우는데

스르르르를
내리셨다 하고 가시기에
나무라도 저는 알지 못합니다.

지붕을 넘나드는 해
처마 끝에 매달린 달
나무 끝에 열린 별
아기 울음에서 흘러나는 조각달

지새우는 어머니의 긴긴 밤

모두가 떠오르는 그림이옵니다.
해가 가고 달이 가도
<u>스르르르</u>
가시고 오시는 것은
<u>스스로</u> 이옵니다.

님과 더불어 오시는지
짝과 함께 가시는지

나무에게는 물어보지도 않습니다.

숨은 님

옛날이라 말하지 말라.

묻어 둔 그날 안에 감추어진 님
사무치게 그리워
내게는 오늘이란다.

먼 날이라 말하지 말라.

그 속에서 웃고 있는 님
내게는 오늘이란다.

오늘이라 말하지 말라.
그제라 말하지 말라.

내게는 오시는 님의 그때란다.

님의 날

그날이라 말하지 말라.
그 속에 내님이 계신다.

내게는 오늘이라.

새날이라 말하지 말라.
그 속에 내님이 사신다.

내게는 오늘이라.

하얀 비둘기

굵은 뿌리는 가지만 하다.

가지는 땅을 안고 섰다.

하늘을 쥐고 노래를 부른다.

봄이면 오는 소리를
가을이면 가는 소리를 들려준다.

여름을 불렀던 잎새들은
겨우살이를 말한다.

물위에 뜬 달그림자
해를 기다린다.

초승달에 가시던 님
보름되면 오실까.

지아비를 기다리는
새색시가 애처롭다.

물위에 뜬 기러기
짝지어 날으건만,
님은 어이 오신다는
그림자조차 없는가.

별 같은 하늘의 이야기를
해와 달에게 물어본다.

아들딸의 오가는 이야기를
듣고 싶어 하는데

때마침 흰 비둘기 한 쌍이
짝을 지어 지나간다.

켜켜이 쌓은 바위집

집도 집도 크게도 지었다.
높이도 높이도
높으게 쌓아 올렸다.
켜켜이 오르내릴 수 있도록
쌓고 쌓았다.

스무 켜, 서른 켜 보기 쉽고
서른 켜, 마흔 켜가
넘보고 넘본다.

누가 지었을까. 이름을 날린다.

길마다 모퉁이마다
이런 집들이 쉽게 보인다.
집이 바위를 만들고 뫼를 이룬다.

거기에 벗이 살고 님이 산다면
얼마나 이름이 빛날까.
보기도 아깝고 꼽기도 자랑스럽다.

그런 마을의 이름이 뭣이랏당가.

가 보고 싶은 곳이 있다면
살고 싶은 곳이 있다면

나는 어지러워라.
아슬아슬하여라.

날 더러 거기서 살라면 내사 싫다.
무서워서 싫다.

가람가의 나뭇가지

서래나루 오가는 가람에는
바람이 잔다.
깰까 보아 흐르듯 떠가는 배
벗님도 모르게 들이 닿는다.

바람에 뜬 다른 배들이
나는 어쩌라고
사공에게 묻는다.

늘어진 버드나무에서
놀던 까치들이
나도 타고 싶다며 부리를 씻는다.
나래를 펼치며 하늘을 젓는다.

가람보다 더 너른 하늘이
놀이터라며
듣는 둥 마는 둥
이웃 배가 떠난다.

짹짹짹

무슨 소린지 알 만도 한데

모르겠다.

삼베나루 새악시

삼베나루 새색시여!

삼베옷 바지저고리에
두루마기를 입혀

지아비만한 이가 어디 있느냐고
자랑삼아 내보냈는데

집 나가자 돌아오지 않아
홀로 지새우다

새악시는
넋이 되어 떠났네.

아, 삼베나루 새악시여!
그 이름을 그립니다.

6.
풀 밑에 숨은 물

다리
풀 밑에 숨은 물
거꾸로 선 이들
골목길
저 배
뫼에서 사노라면
새봄의 움
날 좀 보소
꿈꾸는 놈들
별배
서울 2
마을
이바지
별밭
때
길벗

다리

날 다리는 하루를 버티는 다리라.
달 다리는 한 달을 버티는 다리라.
해 다리는 한 해를 버티는 다리라.
내 다리는 내나를 버티는 다리라.

내 다리는
나날도 한 달도 한 해도
거침없이 견뎌 낸다.

내 다리는
내가 달고 다니는 다리라.

내 다리는
님이 달래도 줄 수 없는 다리라.

풀 밑에 숨은 물

— 백두산 천지연

하얀 머리가 고인 물을 이고서
하늘을 인 채로 이 땅을 찾아왔다.
고인 물에는 소나무가 짙게 지키고
물은 자라 풀이 덮고 있다.
그 사이로 해와 달이 지난다.

고인 물은 구름을 실었는데
풀은 새봄 여름에서
가을 겨울의 이불을 덮는다.

새 소리를 들으며 지나는 길손에게
오늘의 날씨를 물어본다.

푸른 소나무 끝끝에서
새움이 틀 때,
가람은 달지는 쪽으로 흐르고
별은 멀리서 반짝이기만 한다.

꽃이 웃으며
고인 물은 숨어 있고
고기는 살았는지
길손이 살핀다.

거꾸로 선 이들

푸른 뫼는 어찌하여
나무 아래로 보이는가.

그 밑을 지나는 이들이
하늘을 이고
땅 위를 걷기 때문이라.

골목길

골골마다 목이 있다.
목목마다 길이 있다.

골은 뫼로 가고
길은 들로 간다.

뫼에는 집집이 살고
들에는 들밭이 산다.

저 배

배를 저어 갈 이는
가람 둑 저쪽에서 놀고 있는데

바람은 빈 배를 데리고 떠나가니
둑에서 놀던 그는
내 배가 떠난다며

내 배가 떠난다고 두 손을 젓는다.

저 배가 누구 배냐고 묻는다.

뫼에서 사노라면

바람은 나무 끝을 흔들고
날씨는 솔방울을 열고 간다.

그 사이에 솔씨는 싹을 맺고
씨알은 영글게 된다.

뫼에 사는 날새들은
살맛이나 보라 한다.

그 곁을 지나는 님벗들은
씨알을 안고 가는지도 모르고
두 손 잡고 지나간다.

얼마 뒤 아기의 울음소리가
들리는 듯 쟁쟁하다.

새봄의 움

나뭇가지에서
부리를 씻는 비둘기는
쉬었다 가라며 이야기한다.

늙은 나뭇가지의 끝끝에서
새봄의 움이 돋아난다.

날 좀 보소

오늘같이 좋은 날에
어깨춤을 추지 않을 이
뉘 있으랴.

그 옛날 모였던 어른들
다 어디로 가셨는가.

드높은 빈집만 덩그렁
물그림자 되어 서 있네.

물 가운데 선 소나무 숲
옛 님을 그리듯
푸른 그림자만 물 위에 비친다.

뚝에선 숲나무는 나들이를 하듯
거니는 벗들과 짝을 지었네.

옛소리는 나래를 펼치고
새들은 날 좀 보라며
짝지어 노래한다.

꿈꾸는 놈들

돈 놈 뒤엔
꾼 놈이 따라다니더라.

돈 놈은 돌 놈이었고
꾼 놈은 꿀 놈이더라.

두 놈 다 꿈꾸는 놈들이더라.

꿀 놈이나 꾸는 놈은 다
꿈을 꾸는 꿀 놈들이더라.

별배

별배가 구름을 싣고
하늘을 지나네.
해와 달이 두 손을 흔든다.

서울 2

서울의 앞을 여는 옛 이름은
반겨 맞이하여 찾아온 나그네들의
지난날을 돌아보네.

한 그릇 밥자리는
그리운 자리라.

그 자리에 누가 만났느냐.
이름을 새겨본다.
그 이름 지우지 말자.
길이 새겨 두자.

서울을 바라보니 앞날이 밝아 온다.
뫼와 물이
나그네의 길을 맞이한다.

왜 이제 왔느냐.
옛날부터 물어왔다.
오는 걸음 반가워서

날마다 반기고 싶다.

끼니에 웃음 주고
주고받는 말에
해와 달을 물어보라.

마을

사람끼리 모여 마을을 만들었다.
마을은 마음을 주고받는 이름이다.

오고가며 사고파는
걸음들이 바쁘다.

마을끼리 모여 들끓는 소리는
천둥이 되어 이 땅을 흔든다.
자던 잠 깨어나서
먼동을 트게 한다.
마을사람들의 하루가 시끄럽다.

굽이도는 물여울은
그 마을을 돌아간다.

이바지

별달따해가 해달날때를
집에다 두고 먼 길을 나선다.
길이 벗이 된다.
길벗과 이야기를 나눈다.

저 너머 밤을 새우고 있는
마을 들에는
누가 사느냐 하고 묻는다.
또 다른 별달따해가 살 것이라 말한다.

달라야 하는 바람을 갖고서
새로운 마을을 찾아간다.

맞이할 수 있는
새 집안들을 그리며 간다.

맞이하는 이들에게 드릴
아름다운 것들을 안고 간다.
이바지였다.

별밭

해는 따덩이 밑에서 뜨고
별은 하늘 저쪽에서 빛나는데

오는 사람
가는 사람을
걷어 먹이기에만 바쁘더라.

알고 보니 해는 따덩이 밑에다 두고
별은 별밭 저쪽에다 둔 채,

해무리와 달무리를
거닐고 다니면서
먼동을 터서
새날을 밝히는 아침해이더라.

그는 스스로가 별이 몇인지
별밭에 있는지조차 알지도 못한 채

해가 아침인 줄도 모른 채

오는 이
가는 이마다
갈라 주고
별밭의 별들은 그를 따라다니는데
거두어 먹이기에만 바쁘더라.

때

때와 때 사이를 오고 가며
새님과 계님의 걸음이 바쁘다.

덩그렁 소리와
째깍째깍하는 소리가 사이를 잇는다.

오고 가는 다리 사이로
덩그렁 소리의 울림이 둥글고
째깍째깍하는 바늘은
날카롭기만 하다.

덩그렁과 째깍의 사이에서
꺼집벗이의 때를 닦아 내느라
온몸이 근지럽다.

때때의 사이에서 끼인 때들을 벗기느라
밤을 지샌 사내와 계집들이
서로를 살핀다.

나라와 누리가
때때의 사이를 놓치지 않는다.

사내와 계집도 때를 잡고
때를 벗기느라 씻기에 바쁘다.

길벗

골마다 목이 있구나.
목마다 길이 있구나.
골목길은 목숨과 길벗을 하여
해를 넘어서 가는구나.

좁은 골목길은
나그네의 숨길이 되어
목숨과 함께 가는구나.

골목길에서 만나는 길손은
길벗이 되어
잊을 수 없는 사이가 맺히니라.

목길을 벗어나면
내나의 숨살이를 벗게 되는구나.

좁은 골목길을 언제 벗어날까.

골목에서 만난 길벗은
님이 되고 그 님은 짝이 되더라.

7.
세스팔다스 계옴의 뜰과 들

해나라 날맞이의 그
반가워
햇빛
쟁기
세스팔다스 계옴의 뜰과 들
수풀
임금님의 마음
단맛
바람개비
한가람
불놀이
버드나무
솔바람
나랏고을
타고 간다
님배

해나라 날맞이의 그

해나라의 나날을 밝히는
햇녘의 말씀
많은 이들이 밝혀 주다 떠나갔다.

신발을 끌며 달려 나오며
나를 맞이하던 그 벗도
이 땅을 떠나갔다.

반가워

지나온 어제도 반갑듯이
다가온 오늘도 반겨하네.

너나사이 님나사이
반가운 사이

까치가 날고
참새가 지저귀며

구름사이
바람을 타고 날으던 새들

접은 나래 펼치며
집집마다 찾아든다.

새아씨와 아저씨
눈맞이를 하는데

집안마다 마을마다
웃으며 반겨한다.

햇빛

따덩이를 데리고 가던 해가
뒤따르던 땅과 자리를 바꾼다.

뜨는 해의 햇빛은 그 뒤에서
자리를 바꾸어 땅을 비춘다.

구름의 너울을 덮고 자던 별들이
쏟아져 나온다.

밤이다.
자자고 한다.

쟁기

냉이 캐러 가자.
가다가 길가에서
씀바귀도 캐자.

바구니 끼고
나물 캐러 가자.

바위 끝에 핀
돌의 옷도 캐자.
가다가
돈나물도 걷어 넣자.

새봄이 오면 들밭이 열린다.

쟁기로 땅을 뒤집고
괭이로 씨알을 심는다.

땅에서는
집안들이 바쁘고

하늘에서는
구름 너울을 펼치기에 바쁘다.

마을 사람들은
소걸음을 따르고
아낙은
밥 짓기에 바쁘다.

세스팔다스 계옴의 뜰과 들

하늘에 비는 님이다.
바다에 벗는 벗이다.
터땅에 솟는 얼이다.
오늘에 받는 바이다.

하늘의 해에게는 밤이란 없었다.

뜬 해는 그의 빛으로서
하늘 자락에다
온갖 무늬를 그려 놓는다.

밤낮없이 흘러가는 그림을 그린다.
손가락들은 해달날때를 꼽는다.

수풀

논밭에서 힘쓰는
머슴의 입가에는
수풀이 우거진다.

임금님의 마음

임금님의 마음
흐르는 물을 모시어 드렸다.

임금님의 마음이었다.

물가에서 나라에서 모여든 어른들이
두 팔을 소매 안에 넣고서
머리를 숙였다.

줄줄이 하는 말씀은
예! 하오리다!

둘러선 뫼에서 비둘기가 날아든다.
늘어진 가지마다 꽃가루가 흩날린다.

보러 오신 손님들은
사는 데도 다르고
하는 말도 틀린다.

참새들이 지저귀는 소리는
물소리로 고인다.

오가는 손님들의 발걸음은
임금님의 말씀으로 들려온다.

손을 잡고 거니는 안팎의 손님들은
임금님의 옷자락이 되어
부는 바람에 날린다.

구름에서 온 새들은
바람되어 날으고,
나뭇가지의 참새들은
짹짹이고 날아간다.

먼 곳에서 오신
손님들의 이야기 소리는
임금님 뜨락의
물소리가 되어 감돈다.

단맛

그리움을 못잊어
지난날로 돌아갑니다.

돌아가도 그날의 벗은
오늘에 모실 수 없는데

그날을 그려 합니다.

그날의 님은 제게
단맛을 보여 주셨습니다.

그날의 말씀은
빛돌에 새겨져 있습니다.

걸었던 길
잡았던 손은

오늘의 그리움이 되었습니다.

지난날의 나이도 놓쳤거니와
살았던 걸음도 지났는데

오늘에 이르러 새삼스럽게

그리움으로 떠오릅니다.
사무침으로 다가옵니다.

어이할까.
가버린 날!

님도 벗도 떠나셨는데
내 발길은 그날을 찾네.

어찌할까.
어이할까.

소리는 달라져
그날의 그 맛이

오늘에 와서

단맛이 되어 다가온다.
단맛이 되어 다가온다.

그날을 잡아라.
오늘을 잡아라.

단맛을 잡아라.
단맛을 잡아라.

바람개비

풀숲에 바람이 나부낀다.
잎새에 나비가 나부낀다.

가람가의 파란 들녘
나비꽃이 나부낀다.

까치 떼들 그늘에서
푸른 들을 헤집는다.

갓길 따라 달려가는
발걸음이 눈을 끈다.

한가람의 흐름 속에
물줄기도 따라간다.

한가람의 바람개비
바람길을 재는구나.

한가람

하얀새 훨훨
비둘기 구구
흐르는 가람줄기
물위를 날아간다.

어디선듯 까치가
나래를 펼친다.

울리는 매미 소리에
나뭇잎이 푸르다.

불어오는 바람과
흘러가는 가람은

구름을 날린다.
두고 온 님이여!

물가에 나오신 님벗은 아! 아!

잠자리 나래를
매미의 소리를 듣는다.

두고 온 님아!
떠나온 님아!

나이가 아깝다.
한 해가 두렵다.

불놀이

세스팔다스는 말한다.
이 땅에서 불놀이를 하지 말라.

하늘을 불사를 것 같지만
구름을 태워서도 아니 된다.

네 집이 타고
네 마을이 타는 불놀이를 하지 말라.

하늘은 네 하늘이 아니요,
이 땅도 너만의 터가 아니라.

불놀이는 네 키가 하늘에 닿을 듯하나
네 손의 불은
바다에서 꺼질 것이라.

세스팔다스는 말한다.
말로 할 때 그쳐라.

땅도 하늘도 네 것이 아니라.

별달따해가
너희들의 것이라더냐.
네 것이라더냐.

버드나무

버드나무 가지에서
매미 소리 들려온다.

우거진 숲에서
새 소리가 귀를 울린다.

여름날의 무더위는
물버들을 푸르게 한다.

늘어진 나뭇잎은
여름을 짙게 한다.

비둘기들 내려앉아
풀밭을 헤집는다.

큰 가람의 물을 가르는 배는
살과 같이 떠간다.

하늘을 가리는 구름떼는
비를 알린다.

여름날의 날씨 속에 달리는 배들은
강물에다 물살을 하얗게 그린다.

이랑진 밭에 김매기라도 한 듯
하얀 비둘기와 날아든 비둘기가

떼를 지어 이웃이 되어
풀밭을 맨다.

더위를 보내려는
아저씨와 아주머니는

그네에 앉아
가는 여름을 바라본다.

매미의 소리와 가람의 흐름은
여름의 날씨를 뿌린다.

빗방울을 불러온다.

솔바람

서울에 푸른 뫼가 있다.

찾기 힘든 소나무가 즐비하다.

그 아래서 치어다 보면
숲은 하늘을 가린다.

그 아래에 발길을 멈추었다.

가지도 잎새도 푸르기만 하다.

하늘이 지키는 이 땅의 소나무였다.

바람이 지난다.
솔바람이다.

햇살을 받아도 구름이 감싸도
푸른 솔잎은 하늘을 덮고 있다.

지나는 이에게 말한다.
소나무와 같아라.

나랏고을

이 땅의 나라들이 다투어 서는 나랏고을
보는 쪽마다 얼굴이 다른 뫼

그 뫼에서 마음이 흘러
물줄기를 이룬다.

옳고 바르다는 바위는
물가에 떠 있다.

남의 나라 넘보던 도둑을 안고
가람물에 몸을 던진 치맛자락

물 건너 도둑들이 놀란다.

하얀 새가 날아드는 뫼의 마루며
물가 가람가 모래밭의 대수풀은
옛날과 앞날을 지켜본다.

뒤벼리와 새벼리는
옛날에서 새날에 이르기까지

가야 할 길과 말아야 할 길을 가르친다.

구름 속의 해를 열고 글밭을 가꾸는 이들
살 만하다
나랏고을

다리 건너 물에 비친 추녀는
많많 해를 노래한다.

타고 간다

굽이돌고 감도는 빠른 길에서
지나가는 구름과 뫼를 본다.

들녘이 드러난다
나락의 씨앗들이 자랐다.

드러나는 들녘이 살아난다.

내리쬐는 햇볕은 빠른 길의 바퀴만큼
여름철을 내몬다.

임금님의 하루 끼니
들녘에서 푸르르다.

옛 마을을 찾아가는 탈 것은
앉았으나 날아간다.

들 다리를 지나고
한밭을 지나는 길이 바쁘다.

앉은 자리에서 때가 열리니

하늘을 덮은 구름떼는
쏜살같은 수레를 보고

돛단배의 바람처럼 천천히 가라 한다.
바빠도 놀다 가라.
놀다 가면 따라간다.

구름과 때가 같이 간다.

님배

님배는 구름을 타고 지나간다.
손잡고 하늘을 건너간다.
무지개가 그 뒤를 따른다.